U1011369

中华人民共和国
人民法院组织法

中国法制出版社

目　　录

中华人民共和国主席令

第十一号

《中华人民共和国人民法院组织法》已由中华人民共和国第十三届全国人民代表大会常务委员会第六次会议于 2018 年 10 月 26 日修订通过，现将修订后的《中华人民共和国人民法院组织法》公布，自 2019 年 1 月 1 日起施行。

中华人民共和国主席　习近平

2018 年 10 月 26 日

中华人民共和国人民法院组织法

（1979年7月1日第五届全国人民代表大会第二次会议通过　根据1983年9月2日第六届全国人民代表大会常务委员会第二次会议《关于修改〈中华人民共和国人民法院组织法〉的决定》第一次修正　根据1986年12月2日第六届全国人民代表大会常务委员会第十八次会议《关于修改〈中华人民共和国地方各级人民代表大会和地方各级人民政府组织法〉的决定》第二次修正　根据2006年10月31日第十届全国人民代表大会常务委员会第二十四次会议《关于修改〈中华人民共和国人民法院组织法〉的决定》第三次修正　2018年10月26日第十三届全国人民代表大会常务委员会第六次会议修订）

目　录

第一章　总　　则

第一条　为了规范人民法院的设置、组织和职权，保障人民法院依法履行职责，根据宪法，制定本法。

第二条　人民法院是国家的审判机关。

人民法院通过审判刑事案件、民事案件、行政案件以及法律规定的其他案件，惩罚犯罪，保障无罪的人不受刑事追究，解决民事、行政纠纷，保护个人和组织的合法权益，监督行政机关依法行使职权，维护国家安全和社会秩序，维护社会公平正义，维护国家法制统一、尊严和权威，保障中国特色社会主义建设的顺利进行。

第三条　人民法院依照宪法、法律和全国人民代表大会常务委员会的决定设置。

第四条　人民法院依照法律规定独立行使审判权，

不受行政机关、社会团体和个人的干涉。

第五条 人民法院审判案件在适用法律上一律平等，不允许任何组织和个人有超越法律的特权，禁止任何形式的歧视。

第六条 人民法院坚持司法公正，以事实为根据，以法律为准绳，遵守法定程序，依法保护个人和组织的诉讼权利和其他合法权益，尊重和保障人权。

第七条 人民法院实行司法公开，法律另有规定的除外。

第八条 人民法院实行司法责任制，建立健全权责统一的司法权力运行机制。

第九条 最高人民法院对全国人民代表大会及其常务委员会负责并报告工作。地方各级人民法院对本级人民代表大会及其常务委员会负责并报告工作。

各级人民代表大会及其常务委员会对本级人民法院的工作实施监督。

第十条 最高人民法院是最高审判机关。

最高人民法院监督地方各级人民法院和专门人民法院的审判工作，上级人民法院监督下级人民法院的审判工作。

第十一条 人民法院应当接受人民群众监督，保障人民群众对人民法院工作依法享有知情权、参与权和监督权。

第二章　人民法院的设置和职权

第十二条　人民法院分为：

（一）最高人民法院；

（二）地方各级人民法院；

（三）专门人民法院。

第十三条　地方各级人民法院分为高级人民法院、中级人民法院和基层人民法院。

第十四条　在新疆生产建设兵团设立的人民法院的组织、案件管辖范围和法官任免，依照全国人民代表大会常务委员会的有关规定。

第十五条　专门人民法院包括军事法院和海事法院、知识产权法院、金融法院等。

专门人民法院的设置、组织、职权和法官任免，由全国人民代表大会常务委员会规定。

第十六条　最高人民法院审理下列案件：

（一）法律规定由其管辖的和其认为应当由自己管辖的第一审案件；

（二）对高级人民法院判决和裁定的上诉、抗诉案件；

（三）按照全国人民代表大会常务委员会的规定提起的上诉、抗诉案件；

（四）按照审判监督程序提起的再审案件；

（五）高级人民法院报请核准的死刑案件。

第十七条　死刑除依法由最高人民法院判决的以外，应当报请最高人民法院核准。

第十八条　最高人民法院可以对属于审判工作中具体应用法律的问题进行解释。

最高人民法院可以发布指导性案例。

第十九条　最高人民法院可以设巡回法庭，审理最高人民法院依法确定的案件。

巡回法庭是最高人民法院的组成部分。巡回法庭的判决和裁定即最高人民法院的判决和裁定。

第二十条　高级人民法院包括：

（一）省高级人民法院；

（二）自治区高级人民法院；

（三）直辖市高级人民法院。

第二十一条　高级人民法院审理下列案件：

（一）法律规定由其管辖的第一审案件；

（二）下级人民法院报请审理的第一审案件；

（三）最高人民法院指定管辖的第一审案件；

（四）对中级人民法院判决和裁定的上诉、抗诉案件；

（五）按照审判监督程序提起的再审案件；

（六）中级人民法院报请复核的死刑案件。

第二十二条　中级人民法院包括：

（一）省、自治区辖市的中级人民法院；

（二）在直辖市内设立的中级人民法院；

（三）自治州中级人民法院；

（四）在省、自治区内按地区设立的中级人民法院。

第二十三条　中级人民法院审理下列案件：

（一）法律规定由其管辖的第一审案件；

（二）基层人民法院报请审理的第一审案件；

（三）上级人民法院指定管辖的第一审案件；

（四）对基层人民法院判决和裁定的上诉、抗诉案件；

（五）按照审判监督程序提起的再审案件。

第二十四条　基层人民法院包括：

（一）县、自治县人民法院；

（二）不设区的市人民法院；

（三）市辖区人民法院。

第二十五条 基层人民法院审理第一审案件，法律另有规定的除外。

基层人民法院对人民调解委员会的调解工作进行业务指导。

第二十六条 基层人民法院根据地区、人口和案件情况，可以设立若干人民法庭。

人民法庭是基层人民法院的组成部分。人民法庭的判决和裁定即基层人民法院的判决和裁定。

第二十七条 人民法院根据审判工作需要，可以设必要的专业审判庭。法官员额较少的中级人民法院和基层人民法院，可以设综合审判庭或者不设审判庭。

人民法院根据审判工作需要，可以设综合业务机构。法官员额较少的中级人民法院和基层人民法院，可以不设综合业务机构。

第二十八条 人民法院根据工作需要，可以设必要的审判辅助机构和行政管理机构。

第三章 人民法院的审判组织

第二十九条 人民法院审理案件，由合议庭或者法官一人独任审理。

合议庭和法官独任审理的案件范围由法律规定。

第三十条 合议庭由法官组成，或者由法官和人民陪审员组成，成员为三人以上单数。

合议庭由一名法官担任审判长。院长或者庭长参加审理案件时，由自己担任审判长。

审判长主持庭审、组织评议案件，评议案件时与合议庭其他成员权利平等。

第三十一条 合议庭评议案件应当按照多数人的意见作出决定，少数人的意见应当记入笔录。评议案件笔录由合议庭全体组成人员签名。

第三十二条 合议庭或者法官独任审理案件形成的裁判文书，经合议庭组成人员或者独任法官签署，由人民法院发布。

第三十三条 合议庭审理案件，法官对案件的事实认定和法律适用负责；法官独任审理案件，独任法官对案件的事实认定和法律适用负责。

人民法院应当加强内部监督，审判活动有违法情形的，应当及时调查核实，并根据违法情形依法处理。

第三十四条 人民陪审员依照法律规定参加合议庭审理案件。

第三十五条 中级以上人民法院设赔偿委员会，依法审理国家赔偿案件。

赔偿委员会由三名以上法官组成，成员应当为单数，按照多数人的意见作出决定。

第三十六条 各级人民法院设审判委员会。审判委员会由院长、副院长和若干资深法官组成，成员应当为单数。

审判委员会会议分为全体会议和专业委员会会议。

中级以上人民法院根据审判工作需要，可以按照审判委员会委员专业和工作分工，召开刑事审判、民事行政审判等专业委员会会议。

第三十七条 审判委员会履行下列职能：

（一）总结审判工作经验；

（二）讨论决定重大、疑难、复杂案件的法律适用；

（三）讨论决定本院已经发生法律效力的判决、裁定、调解书是否应当再审；

（四）讨论决定其他有关审判工作的重大问题。

最高人民法院对属于审判工作中具体应用法律的问题进行解释，应当由审判委员会全体会议讨论通过；发布指导性案例，可以由审判委员会专业委员会会议讨论通过。

第三十八条 审判委员会召开全体会议和专业委员会会议，应当有其组成人员的过半数出席。

审判委员会会议由院长或者院长委托的副院长主持。审判委员会实行民主集中制。

审判委员会举行会议时，同级人民检察院检察长或者检察长委托的副检察长可以列席。

第三十九条 合议庭认为案件需要提交审判委员会讨论决定的，由审判长提出申请，院长批准。

审判委员会讨论案件，合议庭对其汇报的事实负责，审判委员会委员对本人发表的意见和表决负责。审判委员会的决定，合议庭应当执行。

审判委员会讨论案件的决定及其理由应当在裁判文书中公开，法律规定不公开的除外。

第四章 人民法院的人员组成

第四十条 人民法院的审判人员由院长、副院长、审判委员会委员和审判员等人员组成。

第四十一条 人民法院院长负责本院全面工作，监督本院审判工作，管理本院行政事务。人民法院副院长协助院长工作。

第四十二条 最高人民法院院长由全国人民代表大会选举，副院长、审判委员会委员、庭长、副庭长和审判员由院长提请全国人民代表大会常务委员会任免。

最高人民法院巡回法庭庭长、副庭长，由最高人民法院院长提请全国人民代表大会常务委员会任免。

第四十三条 地方各级人民法院院长由本级人民代表大会选举，副院长、审判委员会委员、庭长、副庭长和审判员由院长提请本级人民代表大会常务委员会任免。

在省、自治区内按地区设立的和在直辖市内设立的中级人民法院院长，由省、自治区、直辖市人民代表大会常务委员会根据主任会议的提名决定任免，副院长、审判委员会委员、庭长、副庭长和审判员由高级人民法院院长提请省、自治区、直辖市人民代表大会常务委员会任免。

第四十四条 人民法院院长任期与产生它的人民代表大会每届任期相同。

各级人民代表大会有权罢免由其选出的人民法院院长。在地方人民代表大会闭会期间，本级人民代表大会常务委员会认为人民法院院长需要撤换的，应当报请上级人民代表大会常务委员会批准。

第四十五条 人民法院的法官、审判辅助人员和司法行政人员实行分类管理。

第四十六条 法官实行员额制。法官员额根据案件数量、经济社会发展情况、人口数量和人民法院审级等因素确定。

最高人民法院法官员额由最高人民法院商有关部门确定。地方各级人民法院法官员额，在省、自治区、直辖市内实行总量控制、动态管理。

第四十七条 法官从取得法律职业资格并且具备法律规定的其他条件的人员中选任。初任法官应当由法官遴选委员会进行专业能力审核。上级人民法院的法官一般从下级人民法院的法官中择优遴选。

院长应当具有法学专业知识和法律职业经历。副院长、审判委员会委员应当从法官、检察官或者其他具备法官、检察官条件的人员中产生。

法官的职责、管理和保障，依照《中华人民共和国法官法》的规定。

第四十八条 人民法院的法官助理在法官指导下负责审查案件材料、草拟法律文书等审判辅助事务。

符合法官任职条件的法官助理，经遴选后可以按照法官任免程序任命为法官。

第四十九条 人民法院的书记员负责法庭审理记录等审判辅助事务。

第五十条 人民法院的司法警察负责法庭警戒、人员押解和看管等警务事项。

司法警察依照《中华人民共和国人民警察法》管理。

第五十一条 人民法院根据审判工作需要，可以设司法技术人员，负责与审判工作有关的事项。

第五章 人民法院行使职权的保障

第五十二条 任何单位或者个人不得要求法官从事超出法定职责范围的事务。

对于领导干部等干预司法活动、插手具体案件处理，或者人民法院内部人员过问案件情况的，办案人员应当全面如实记录并报告；有违法违纪情形的，由有关机关根据情节轻重追究行为人的责任。

第五十三条 人民法院作出的判决、裁定等生效法律文书，义务人应当依法履行；拒不履行的，依法追究法律责任。

第五十四条 人民法院采取必要措施，维护法庭秩序和审判权威。对妨碍人民法院依法行使职权的违法犯罪行为，依法追究法律责任。

第五十五条 人民法院实行培训制度，法官、审判辅助人员和司法行政人员应当接受理论和业务培训。

第五十六条 人民法院人员编制实行专项管理。

第五十七条 人民法院的经费按照事权划分的原则列入财政预算，保障审判工作需要。

第五十八条 人民法院应当加强信息化建设，运用现代信息技术，促进司法公开，提高工作效率。

第六章 附 则

第五十九条 本法自 2019 年 1 月 1 日起施行。

关于《中华人民共和国人民法院组织法（修订草案）》的说明

——2017年8月28日在第十二届全国人民代表大会常务委员会第二十九次会议上

全国人大内务司法委员会副主任委员　王胜明

委员长、各位副委员长、秘书长、各位委员：

我受全国人大内务司法委员会的委托，作关于《中华人民共和国人民法院组织法（修订草案）》的说明。

一、修改人民法院组织法的重要意义

人民法院组织法是规定人民法院机构设置及其职责权限的重要法律，是我国司法制度的支柱性法律。现行人民法院组织法于1979年7月颁布，1980年1月施行，对构建法院组织体系、加强审判工作、确立社会主义司法制度发挥了重要作用。随着我国经济社会快速发展，民主法治建设日臻完善，司法体制改革不断深化，人民法院工作面临许多新情况新任务新要求，修改完善人民法院组织法是十分必要的。

第一，修改人民法院组织法，是贯彻落实党中央重大决策部署，深化司法体制改革的重要任务。十八大以来，以习近平总书记为核心的党中央对深化司法体制改革、保障司法公正作出一系列决策部署，司法体制改革取得重大成果。修改人民法院组织法，对完善司法管理体制和审判权运行机制，巩固司法体制改革成果，确保司法体制改革行稳致远，进一步提高司法公信力，具有重要意义。

第二，修改人民法院组织法，是适应改革开放以来人民法院发展，充分发挥审判机关职能的客观需要。现行人民法院组织法是改革开放初期制定的，三十多年来，人民法院工作发生许多积极变化，修改人民法院组织法，对更好地履行人民法院职能，适应新形势新要求，维护国家安全和社会秩序，维护社会公平正义，具有重要意义。

第三，修改人民法院组织法，是完善中国特色社会主义法律体系的重要任务。人民法院是国家的审判机关，人民法院组织法是中国特色社会主义法律体系的重要组成部分。随着刑事诉讼法、民事诉讼法、行政诉讼法、法官法、检察官法等法律不断完善，修改人民法院组织法，进一步明确人民法院的设置及其职权，对维护法律之间的和谐统一，具有重要意义。

二、修改的指导思想以及工作过程

修改人民法院组织法的指导思想是：全面贯彻党的十八大和十八届三中、四中、五中、六中全会精神，以邓小平理论、“三个代表”重要思想、科学发展观为指导，深入学习贯彻习近平总书记系列重要讲话精神和治国理政新理念新思想新战略，牢固树立“四个意识”，围绕统筹推进“五位一体”总体布局和协调推进“四个全面”战略布局，抓紧修改完善人民法院组织法，规范人民法院的设置和职权，保障人民法院依法履行职责，使修改后的人民法院组织法符合司法规律，体现时代精神，为建设公正高效权威的社会主义司法制度提供法律保障。

全国人大常委会对修改人民法院组织法高度重视，2013 年就作出工作部署。本届以来，全国人大代表提出修改人民法院组织法的议案共 13 件。全国人大内务司法委员会在全国人大常委会的领导下，抓紧研究修改人民法院组织法。修改工作遵循以下基本原则：一是修改工作是在现行人民法院组织法基础上进行的，其基本制度和许多规定都要保留。二是努力体现司法体制改革成果，使党中央重大决策部署通过法定程序成为国家意志，用法律制度巩固司法体制改革成果。三是准确把握人民法院组织法的调整范围，妥善处理与诉讼法、法官法等法律的关系。四是人民法院组织法涉及面广，有些改革还在试点过程中，对一些实践不够、尚未形成共识的问题，只作原则性规定或者暂不作规定。

内务司法委员会在修改人民法院组织法过程中，主要做了以下工作：一是专门组织 6 个研究小组并委托 6 个省级人大内司委，逐个研究修改的主要问题；二是两年来深入调研 20 个省、自治区、直辖市司法体制改革情况；三是广泛征求中央纪委、中央组织部、中央编办、财政部等部门，31 个省级人大内司委，部分法律院校和研究机构等各方面的意见和建议；四是与中央政法委、全国人大常委会法工委、最高人民法院、最高人民检察院、国务院法制办等单位多次沟通协商，对草案规定的内容达成共识。2017 年 6 月 8 日，内务司法委员会召开全体会议，讨论通过了人民法院组织法修订草案。

三、人民法院组织法修订草案的主要内容

现行人民法院组织法共3章40条，修订草案共6章66条，修改完善的量较大。增加的主要内容：一是现行人民法院组织法施行以来，全国人大及其常委会有关人民法院组织的新规定，如海事法院、新疆兵团法院等规定。二是深化司法体制改革的有关成果。

（一）人民法院的性质、任务和基本原则

1. 关于人民法院的性质。草案规定："中华人民共和国人民法院是国家的审判机关，依法行使审判权。"（草案第二条）这一规定，与宪法以及现行人民法院组织法的规定是一致的。

2. 关于人民法院的任务。根据人民法院性质及其职能，草案规定："人民法院的任务是通过行使审判权，惩罚犯罪，解决纠纷，保护自然人、法人和非法人组织的合法权益，监督行政机关依法行使职权，维护国家安全和社会秩序，维护社会公平正义，维护国家法制统一、尊严、权威。"（草案第三条）

3. 关于人民法院工作的基本原则。草案在第四条至第十条规定了人民法院依法设立、依法独立行使审判权、适用法律人人平等、司法公正、司法民主、司法公开和司法责任制等基本原则。草案关于基本原则

的规定，主要是根据审判工作要求和深化司法体制改革实践作出的，基本上都有法律依据。

（二）人民法院的设置和职权

草案在现行人民法院组织法的基础上，进一步完善人民法院的设置和职权。

1. 关于人民法院的分类。现行人民法院组织法将人民法院分为最高人民法院、地方各级人民法院和专门人民法院，草案在此基础上，根据党的十八届四中全会决定增加规定："经全国人民代表大会常务委员会决定，可以设立跨行政区划人民法院，审理跨地区案件。"（草案第二十四条）并根据 1998 年全国人大常委会的决定，增加"新疆维吾尔自治区生产建设兵团人民法院"的规定。（草案第二十三条）

2. 关于专门人民法院。现行人民法院组织法规定了军事法院，草案根据改革开放以来人民法院的发展情况，增加规定海事法院和知识产权法院。（草案第十二条）

3. 关于人民法院的内设机构。根据审判工作需要，并征求有关部门意见，草案规定："人民法院根据审判工作需要，可以设必要的审判庭。法官员额较少的中级人民法院和基层人民法院，可以设综合审判庭或者不设审判庭。”（草案第二十六条）“人民法院根据工作需要，可以设必要的审判辅助机构和司法行政管理机构，也可以让社会力量参与审判辅助工作和司法行政工作。”（草案第二十七条）这样规定，既符合深化司法体制改革要求，又为进一步改革留有空间。草案还根据最高人民法院设立巡回法庭的实践，规定“最高人民法院可以设巡回法庭，审理跨行政区划重大行政、民商事等案件。”（草案第十五条）

（三）人民法院的审判组织

党的十八届三中、四中全会提出，完善主审法官、合议庭办案责任制，让审理者裁判、由裁判者负责。草案将办案责任制具体落实在人民法院的审判组织一章。

1. 关于合议庭和独任庭。合议庭和独任庭是人民法院主要审判组织，草案就合议庭和独任庭审判范围、合议庭组成、合议庭评议案件、裁判文书签署等作出规定（草案第二十九条至第三十二条）。根据“谁办案谁负责”的要求，草案规定，法官组成合议庭的，其成员对案件的事实认定和法律适用承担责任，独任庭由独任法官对案件的事实认定和法律适用承担责任。同时规定，合议庭和独任庭的审判活动有违法情形的，

人民法院应当及时调查核实，并根据违法情形依法处理。（草案第三十三条）

2. 关于人民陪审员。根据全国人大常委会有关决定，草案就人民陪审员参加合议庭审判案件、履职期间权利和义务作出规定。（草案第三十四条）

3. 关于审判委员会。草案总结审判委员会的有益经验，并根据改革实践，对审判委员会的任务、组成、议事规则、审判委员会决定的效力以及司法责任作出规定。（草案第三十六条至第四十条）

（四）人民法院的组成人员和其他人员

草案根据宪法、全国人民代表大会组织法、地方各级人民代表大会和地方各级人民政府组织法等法律和深化司法体制改革实践，作出以下规定。

1. 关于人民法院的组成人员。草案第四十二条规定："人民法院由院长一人，副院长、审判委员会委员和其他法官若干人组成。"并对各级人民法院院长、副院长、审判委员会委员和其他法官的产生办法作出规定。（草案第四十四条至第四十七条）

2. 关于人民法院院长、副院长职责及其专业资格。草案规定："人民法院院长负责本院全面工作，监督本院审判工作，管理本院行政事务。人民法院副院长协助院长工作。”（草案第四十三条）根据多年来任命法院院长的实际情况，并征求有关部门意见，草案规定：人民法院“院长应当具有法学专业知识和法律职业经历。副院长、审判委员会委员应当从法官中产生。”（草案第四十二条）

3. 关于人员分类管理。完善司法人员分类管理制度，是深化司法体制改革重要举措。草案第四十九条规定：“人民法院的法官、审判辅助人员和司法行政人员实行分类管理。”并对法官录用和遴选，法官助理、书记员、司法警察的基本职责作出规定。（草案第五十一条至第五十五条）

4. 关于法官员额制。根据有关部门意见，草案第五十条规定：“法官实行员额制。法官员额根据人民法院审级、案件数量以及经济社会发展情况、人口数量等因素确定。最高人民法院法官员额，由最高人民法院商有关部门确定。地方各级人民法院法官员额，在省、自治区、直辖市内实行总量控制，动态管理。”

（五）人民法院行使职权的保障

十八大以来，党中央采取一系列措施保障人民法院独立公正行使审判权，草案对此作出专章规定。

1. 关于维护法庭秩序和审判权威。草案第五十八条规定："人民法院应当采取必要措施，维护法庭秩序和审判权威。对妨碍人民法院依法行使职权的违法犯罪行为，依法追究法律责任。"

2. 关于法官履职保护。草案规定："法官非因法定事由，未经法定程序，不被调离、降职、免职、辞退或者处分。"（草案第六十条）并规定："法官的人格尊严和人身安全受法律保护。对骚扰、谩骂、威胁、暴力侵害法官及其近亲属等违法犯罪行为，有关机关应当及时制止，依法从严惩处。"（草案第五十九条）

3. 关于加强信息化建设。草案第六十四条规定："人民法院应当加强信息化建设，运用互联网、大数据等现代信息技术，提高工作效率，保障司法公正。"

4. 关于职业保障。草案规定："人民法院商有关部门建立法官单独职务序列和工资制度，完善职业保障体制。""人民法院人员编制实行专项管理。专项管理的具体办法，由最高人民法院商有关部门另行规定。""人民法院的经费按照事权划分的原则列入财政预算，保障审判工作需要。"（草案第六十一条、第六十三条、第六十五条）上述规定，是根据有关部门的意见作出的。

还有一个问题需要汇报：有关人民法院的执行权，

经商有关部门，草案对此未作规定。党的十八届四中全会提出，推动实行审判权和执行权相分离的体制改革试点。目前，审判权和执行权如何分离，尚未达成共识，还在调研论证。人民法院的执行权主要规定在民事诉讼法中，现行人民法院组织法对法院的执行权也未作规定，草案维持现行人民法院组织法的规定，不影响法院的执行工作。

《中华人民共和国人民法院组织法（修订草案）》和以上说明是否妥当，请审议。

中华人民共和国人民法院组织法

ZHONGHUA RENMIN GONGHEGUO RENMIN FAYUAN ZUZHIFA

经销/新华书店

印刷/北京海纳百川印刷有限公司

开本/850 毫米×1168 毫米　32 开　　印张/1　字数/11 千

版次/2018 年 10 月第 1 版　　2023 年 8 月第 2 次印刷

中国法制出版社出版

书号 ISBN 978-7-5093-5673-9　　定价：5.00 元

北京市西城区西便门西里甲 16 号西便门办公区

邮政编码：100053　　传真：010-63141600

网址：http：//www.zgfzs.com　　编辑部电话：010-63141673

市场营销部电话：010-63141612　　印务部电话：010-63141606

（如有印装质量问题，请与本社印务部联系。）